L'OPPOSITION DÉCAPITÉE

ET

LA MAJORITÉ SOLIDE

DU

CORPS LÉGISLATIF 1863-64

PARIS

IMPRIMERIE DE L. TINTERLIN ET Cᵉ

rue Neuve-des-Bons-Enfants, 3.

L'OPPOSITION DÉCAPITÉE

ET LA

MAJORITÉ SOLIDE

DU

CORPS LÉGISLATIF 1863-64

« Tout le monde veut être député, ou faire des députés. »

(Lettre de M. Jules Simon au colonel Charras, avril 1863.)

PAR FÉLIX AUCAIGNE

PARIS

E. DENTU, LIBRAIRE-EDITEUR

PALAIS-ROYAL, 17 ET 19, GALERIE D'ORLÉANS.

1864

L'OPPOSITION DÉCAPITÉE

ET

LA MAJORITÉ SOLIDE

DU

CORPS LÉGISLATIF 1863-64

« Tout le monde veut être député ou faire des députés.

(*Lettre de M. Jules Simon au colonel Charras,* 8 avril 1863.)

Parce qu'ils ont été 0, *zéro !*

Parce qu'ils ont été 5, les *illustres cinq*, ainsi nommés par un des leurs aujourd'hui, M. Jules Simon !

Parce qu'ils sont 13, 21 ou 25 !

On n'ose rien leur dire, amis ou ennemis.

Pourquoi ?

Parce qu'on respectait leur nullité... mathématique, quand ils étaient 0, ou simplement l'opposition en expectative.

Parce qu'en peuple chevaleresque, on respectait leur infériorité... encore mathématique, quand ils n'étaient que les illustres cinq, déjà nommés.

Parce qu'aujourd'hui, enfin, qu'ils ont une plus grande valeur... toujours au point de vue mathématique, on les voit composés d'éléments si divers, de personnalités hurlant tellement entre elles, et arrivées par de si singuliers moyens, qu'on ne les respecte plus !

On s'imagine qu'il ne vaut pas la peine de leur parler !

C'est un tort immense !

Toute décapitée qu'elle soit, depuis le coup d'État Ollivier et Darimon, toute vilipendée qu'elle ait été par la mitraille de Jules Simon et la fusillade réciproque de chacun de ses membres, l'opposition reste fidèle aux vieilles rengaines des temps passés.

Elle vote, comme un seul homme, envers et contre tout.

Qu'est-ce que cela prouve, sinon que, pour ne pas faire mentir leur philosophique berger, les députés de l'opposition suivent son exemple « et veulent être encore députés ou en faire. » Aussi, voyez comme ils tombent à bras raccourcis sur ce pauvre M. Ollivier qui, moins endurci à la manœuvre que ces vieux grognards, a eu le malheur d'obéir à ses belles inspirations de jeune homme, ainsi que M. Darimon, son fidèle Achate !

Ces deux pauvres étourdis ont commis la faute, que dis-je, le crime de commencer par trouver libérale une loi, la loi des coalitions ; loi, destinée à être pourfendue quand même, du moment où ceux qui étaient au gouvernement avaient l'impudeur de la présenter eux-mêmes au vote de ces Messieurs de l'opposition. MM. Ollivier et Darimon, en gens de cœur qu'ils sont, mais aussi en vrais étourneaux qu'ils sont également, eurent l'audace de ne pas se pendre aux basques de redingote de leurs chefs de file, et, dans le pitoyable enthousiasme de la jeunesse pour ce qui est vrai et juste, s'écrièrent : « C'est une bonne loi, « nous la votons, quoique présentée par le gouvernement ! »

Je vous laisse à penser le charivari qui éclata dans le camp de l'opposition, de la vraie opposition, de l'austère, de celle qui faisait hacher en chair à pâté par ses journaux, les candidatures ouvrières de l'an passé.

N. B. Pour les détails, voir les « *Fables de La Fontaine,* » livre VII : « Les *Animaux malades de la peste.* » Seulement, observer que nous ne faisons dans notre esprit aucun rapprochement entre les deux martyrs de l'opposition et l'animal-victime que désigne le malin bonhomme en disant :

> « A ces mots, on cria haro sur le baudet.
> « Un loup, quelque peu clerc, prouva par sa harangue
> « Qu'il fallait dévouer ce maudit animal,
> « *Ce pelé, ce galeux, d'où venait tout le mal !* »

Le loup de la fable se trompait ; mais ceux de l'opposition ont enfin, pour une fois, jugé sainement, en estimant que le vote libre, l'émancipation de MM. Ollivier et Darimon, allait causer le mal immense de rendre illusoire désormais le prestige de l'opposition bigarrée de 1863-64. Danger manifeste, car cela détruirait toutes les chances qu'avaient les dieux termes de la gauche du Corps Législatif, de « faire des députés ou d'en être ! »

De même que les animaux de la fable ont aussitôt mis à mort le *pelé*, le *galeux*, de même ceux de l'opposition (remarquez que le mot *ceux* est employé ici comme au moyen âge, quand on disait *ceux* de Liége, *ceux* de Rouen, pour dire les *gens* de Liége, de Rouen, parce que ce mot *ceux* indiquait mieux la forte union existant entre les gens d'une même ville), *ceux* de l'opposition, donc, auront probablement juré de mettre à mort législativement les deux jeunes récalcitrants.

Mais, d'ici aux élections de 1868, il passera de l'eau sous les ponts, et l'opposition d'aujourd'hui, si elle continue à justifier ce que l'on chante à vêpres : *oculos habent et non videbunt, aures habent...* etc., risque bien d'aller au fond de l'eau se débarbouiller de sa crasse de vieux préjugés. Deux classes de gens, surtout, aideront MM. Ollivier et Darimon à surnager et à reconstituer au Corps Législatif une opposition sans perruque, sans lunettes, et surtout débarrassée de peintres en bâtiments, comme les deux vénérables membres du Gouvernement provisoire qui ne peuvent ouvrir la bouche sans blanchir leurs actes d'autrefois, dont personne ne s'occupe.

Ceux qui voudront, les premiers, renvoyer au Corps Législatif de 1868, MM. Darimon et Ollivier, sont :

1° Les ouvriers de Paris et des grandes villes, eux qui consentirent à voir enterrer les candidatures ouvrières, — eux qui crurent ce sacrifice nécessaire à la cause de la liberté, pensant que les beaux diseurs défendraient mieux, au Corps Législatif, les intérêts des travailleurs.

Maintenant, la faute est patente. Jamais Tolain, Blanc, etc..., n'auraient parlé contre la loi des coalitions, et ne se seraient unis aux grands manufacturiers du Corps Législatif, qui votèrent

avec l'opposition et qui dénonçaient la loi « *comme attentatoire
à la propriété !* » Ces ouvriers représentants qui, avant et après
leur mandat, ne peuvent demander qu'à leurs bras le pain de
leurs familles ; ces ouvriers avaient certainement un autre intérêt que les députés de la gauche, directeurs de grandes entre-
prises de journaux, à voter l'abrogation de la loi de 1791, ainsi
interprétée par un récent arrêt de la Cour de cassation, qui
déclare qu'il y avait délit toutes les fois « que les ouvriers
« d'une ou plusieurs fabriques, agissant par suite d'un concert,
« quittaient à la fois les ateliers, même après avoir donné les
« avertissements prévus par les réglements, en réclamant des
« modifications aux conditions actuelles de leur travail ; qu'il im-
« portait peu que les causes de cette réclamation pussent paraî-
« tre en elles-mêmes légitimes ; que la loi punissait la coalition
« indépendamment de ses motifs, et par cela seul que les ou-
« vriers qui s'étaient concertés, agissaient collectivement avec
« le but, en suspendant ou en tâchant de suspendre le travail des
« ateliers, de forcer les patrons d'en modifier les conditions.

« Rien de plus brutal que ce texte, dit la *Presse*, mais aussi
« rien de plus clair. Pour qu'il y eût délit de coalition, il suffi-
« sait que plusieurs ouvriers s'entendissent pour dicter aux
« patrons les mêmes conditions, et, qu'en cas de refus, ils dé-
« sertassent simultanément les ateliers. »

Telle est la loi que le gouvernement voulait remplacer par la
liberté des coalitions.

Nous concevons que M. Thiers, l'inventeur de cette dénomi-
nation, *la vile multitude,* ait pu, ainsi que les autres membres
des *vieux partis* de l'opposition, voter contre cette liberté. Mais
les acharnés libéraux, MM. Jules Favre, Pelletan, Simon et *tutti
quanti,* auraient dû faire, dans l'intérêt des pauvres travailleurs
menacés de la prison, abnégation de leurs petites rancunes.

Ils ne l'ont pas voulu, croyant ainsi faire une grosse malice au
gouvernement impérial. Mais ils payeront cette faute aux pro-
chaines élections. A toutes leurs protestations libérales, on ré-
pondra : « On vous connaît, beaux masques ! on vous a vus à
« l'œuvre ! »

2° La jeunesse des professions libérales suivra ses chefs naturels, les deux jeunes députés d'aujourd'hui, rejoints par cette majorité intelligente que les réformes de l'Empereur accroît journellement.

Nos jeunes gens qui, autrefois et nous en savons quelque chose personnellement, croyaient au désintéressement des chefs de file libéraux et se laissaient mettre en avant par eux; ces jeunes gens seront éclairés par les dernières luttes d'égoïsme des députés les uns envers les autres. Nous en dirons quelque chose tout à l'heure. — Pour le moment, signalons seulement tout le plaisir qu'a dû causer, à la jeunesse libérale, le cri de l'opposition quand même, contre l'enseignement de l'histoire contemporaine dans les écoles.

M. Pelletan craint, dit-il, qu'on n'influence l'esprit des élèves en faveur des grandes choses accomplies depuis 1789. Les professeurs doivent être fort flattés de ce que l'honorable préopinant les juge capables de répéter, en vrais perroquets, les appréciations historiques que le ministère leur enverrait. Les jeunes gens doivent être médiocrement satisfaits de se voir prendre, par M. Pelletan, comme des gobe-mouches, prêts à avaler toutes les bourdes que professeurs, auteurs, et lui, tout le premier, leur débiteraient. Voir, entre autres, son « Adresse au roi Coton, » remplie de lieux-communs et d'erreurs impossibles.

A part moi, je soupçonne bien pourquoi M. Pelletan voudrait enterrer l'histoire contemporaine, surtout celle de 1848. C'est, parce qu'en l'étudiant avec un peu de soin, la jeunesse des écoles y trouverait les ardents réquisitoires contre les malheureux insurgés de juin, du député qui se donne aujourd'hui comme l'ami bouillant des classes ouvrières et de la sainte clémence !

Ainsi trouverait-on un motif personnel sous chaque vote de l'opposition. Mais, la pointe de son épée sans cesse tournée contre le gouvernement, qu'il soit libéral ou non, cette pointe est émoussée depuis la séparation de MM. Ollivier et Darimon avec leurs entêtés ex-confrères.

Quand la majorité était l'unanimité tout court,
Elle votait souvent *oui*.
Quand elle fut l'unanimité moins *cinq*,
Elle vota encore *oui*.
Maintenant qu'elle est l'unanimité moins 13, 21 ou 36,
Elle vote encore *oui* trop souvent.
C'est un grand tort qu'il est bon de lui signaler.

Dans le principe, rien de plus juste que cette majorité unanime, soutînt *toujours* les projets de loi du gouvernement impérial, de ce gouvernement, choisi par 8 millions de suffrages pour apaiser les colères populaires soulevées d'abord, puis bâillonnées par les quelques bourgeois socialistes de 1848.

Après l'adjonction des « illustres cinq, » la majorité eut tort de prendre au sérieux leurs taquineries, et, par mauvaise humeur, de ne pas voter les deux ou trois amendements, les seuls un peu sensés, mais d'une fort secondaire importance, que présenta le *quinquuumvirat*.

Dans la dernière session, la majorité eut encore bien plus tort. De ce que l'opposition compte, tantôt les inséparables *onze* toujours solides au poste, tantôt 21, tantôt 36 voix, ce n'est pas une raison de croire qu'il faut réagir contre elle en se bouchant les oreilles à tous ses amendements. Vous finiriez peut-être par persuader, au très-chatouilleux paladin, M. Ernest Picard, qu'on « a peur » de la problématique influence de l'opposition. Vous fourniriez inévitablement à M. Thiers, le plaisir de se précipiter à la rescousse, et de répéter, sans savoir pourquoi, en se redressant et en braquant ses lunettes, son fameux *quos ego* de l'autre jour :

M. THIERS. Quand il s'agira des intérêts du pays, personne ne nous fera peur, pas même le gouvernement.

Parole digne non pas du cadet, mais de l'aîné des Horaces, doublé de ses deux frères !

Prenez-y garde ! A force de rejeter les petits amendements raisonnables de l'opposition (il n'y a eu de bons que ceux relatifs au *Moniteur* du soir et à Lesurques), vous finirez par faire sortir M. Marie de son mutisme opiniâtre, et MM. Carnot et Garnier Pagès de leurs interminables éloges d'eux-mêmes, de leur temps, de leur administration, y compris les 45 centimes. Brochant sur le tout, M. Glais-Bizoin, furieux de se voir disputer, par ses collègues en opposition, la palme de l'intérruption et l'héritage du grand M. Miot de la Constituante, M. Glais-Bizoin criera si fort qu'il en attrapera un enrouement ; et, alors, plus d'alinéas délassants dans le compte-rendu des débats du Corps Législatif !

Croyez-moi, votez sans crainte avec l'opposition des *illustres cinq* ou des *illustres trente-six* quand ils proposeront des amendements raisonnables, ce qui arrivera bien deux ou trois fois par session. Les petits présents entretiennent l'amitié. M. de Morny, votre président, vous l'a dit dans son discours d'adieu.

Ne vous faites pas des épouvantails de tout, à l'instar des moineaux, qu'effrayent horriblement quelques vieux chapeaux plantés sur des piquets. Comme disent les journaux anglais, l'opposition a perdu en force ce qu'elle a gagné en nombre, absolument comme le vin de barrière qui ne peut plus casser la tête quand il est étendu d'eau.

Et de quelle eau, grand Dieu, a-t-on étendu la primitive opposition ! Dans combien de liquides de couleurs disparates ne l'a-t-on pas délavée, du blanc, du bleu, du rouge tendre, etc...!

Quand les cinq trônaient seuls à la gauche solitaire, ils donnaient le spectacle d'une fraternelle union. Dès que M. Ollivier avait pris les rênes du coche de l'opposition, M. Picard faisait claquer son fouet de postillon, M. Jules Favre embouchait le cornet, M. Darimon faisait vite monter en voiture M. Hénon, puis grimpait sur le siége de derrière, et le véhicule courait ventre à terre jusqu'au premier fossé.

Aujourd'hui, rien de pareil. Quand M. Berryer s'écrie que les Bourbons ont ramené la liberté, M. Pelletan lui sauterait bien à la gorge, si le patron général de la gauche, M. Jules Simon, ne calmait son impétueux ami, en lui rappelant le flegme de Socrate sous la fenêtre de sa femme Xantippe. Belle maxime dans la bouche d'un philosophe !...

Même manœuvre, lorsque M. Thiers, voulant parler d'un procureur impérial, dit un *procureur du roi*, et excité l'ire des ex-autorités de 1848, qui ne pouvaient lui pardonner de n'avoir pas dit « procureur de la République ! »

Mais ceci n'est rien, en comparaison du frémissement unanime qui a dû saisir les farouches de la gauche, quand M. Thiers, sous prétexte de critiquer les dépenses de Paris, fit l'éloge de M. de Rambuteau, de ce préfet que l'opposition accusait tant jadis, parce que la rue qui porte son nom était droite comme le coude de quelqu'un qui se mouche. Et cela au temps des ministres Teste, Cubières, Martin du Nord !

C'est, sans doute, pour faire amende honorable à ces Messieurs, que, sans s'oublier lui-même, M. Thiers chante les louanges financières du Gouvernement provisoire, et s'écrie : « Après avoir rendu justice à M. Garnier-Pagès, vous me permettrez de me rendre justice à moi-même. »

Touchant accord que n'auraient guère espéré ceux qui se rappellent la guerre que se faisaient les candidats de l'opposition, avant les élections du 31 mai. Chacun disait pis que pendre des autres. *Le Siècle, l'Opinion Nationale, le Temps, le Courrier du Dimanché*, s'exterminaient réciproquement à coups d'articles. Par bonheur, on n'en meurt pas, et leurs champions sont maintenant au pinacle, après avoir évincé, grâce à leur monopole des journaux et à de belles promesses, les candidats ouvriers.

Ceux-ci et leurs amis savaient bien que les neuf noms de la « fameuse liste à la julienne, » comme ils l'appelaient, hurlaient entre eux, et que les porteurs de ces noms étaient amis comme chiens et chats. Mais on espérait qu'ils mettraient en commun leur dépit contre le gouvernement impérial qui osait donner au peuple certaines libertés, refusées par les régimes précédents ; qu'alors, pour faire pièce à ce gouvernement, ils le pousseraient dans la voie libérale, plus vite peut-être qu'il ne désirait y aller.

C'est juste le contraire qui arriva. Pour se faire réélire en 1868, l'opposition n'avait qu'une chance, rester l'opposition quand même, ne pas se jeter, car elle s'y serait noyée, dans le grand courant d'idées libérales dirigé par l'Empereur et ses amis. Il fallait rester secte, afin d'être mieux vue, moins oubliée. A chaque projet de loi libérale, proposé par le gouvernement, il fallait crier : « Ce n'est qu'un leurre, un trompe-l'œil, « ce projet est très-réactionnaire, en réalité, et celui-ci n'est « pas assez révolutionnaire. »

Alors tous les badauds, comme nous, c'est-à-dire les gens confiants incapables de voir plus loin que le bout de leur nez en astuce politique, de s'écrier : « Que c'est beau ! Quel courage ! « Quels hommes ! quels hommes ! Renommons-les vite ! »

Cette tactique eût certainement réussi, s'il ne se fût trouvé, parmi l'opposition, un jeune homme n'ayant pas, autour du cœur, l'enveloppe calleuse qu'y met la politique de l'opposition rétrécie, et assez courageux pour trouver libéral ce qui l'était, et pour le dire hautement. Les classes ouvrières ne purent s'empêcher d'ouvrir les yeux et les oreilles, de comprendre ce que disait un des plus célèbres de l'opposition, et de réfléchir à la conduite des députés qu'elles avaient envoyé avec lui au Corps Législatif pour y soutenir les intérêts du peuple, lors même que le Gouvernement impérial en prendrait l'initiative, comme c'est sa coutume.

Après la noble conduite de MM. Ollivier et Darimon, dans la discussion de la loi sur les coalitions, le prestige de l'opposition était évanoui pour toujours. C'est ce qui explique l'espèce de rage furieuse avec laquelle M. Ollivier fut attaqué. L'atrabilaire M. Jules Favre, que beaucoup de jeunes gens, comme nous, croyaient un des piliers du républicanisme, se fit la trompette de l'opposition, et débita un vrai réquisitoire d'avocat contre M. Ollivier. « IL FAUT, disait-il, *qu'on nous* « *dise comment on a abandonné ses anciennes opinions en pro-* « *posant aujourd'hui ce qui les contredit absolument.* »

Voyez-vous cette inconvenance parlementaire ! Demander compte à un jeune homme de ce qu'il n'a pas voulu se *metter-nichiser*, se *machiavéliser*, c'est-à-dire mettre sous une cloche son cœur jeune et ses idées libérales. Mais M. de Girardin s'est chargé de cingler d'importance l'accusateur d'Ollivier, et, comme il est notre maître à tous, en polémique, nous sommes heureux de lui passer la parole.

N. B. Le terrible M. Jules Favre n'a jamais répondu, que nous sachions, aux reproches de M. E. de Girardin, qui s'écrie :

« Comment ne pas se reporter aux séances des 2 et 3 juin 1848,
« à ces séances où M. Jules Favre, rapporteur de la commis-
« sion nommée par l'Assemblée constituante pour examiner la
« demande de poursuites contre un de ses membres, sut dé-
« ployer tant d'habileté, tant de souplesse, tant de perfidie,
« qu'il réussit à obtenir de l'Assemblée nationale qu'elle auto-
« risât les poursuites requises par le citoyen procureur-gé-
« néral et le citoyen procureur de la république contre le
« citoyen Louis Blanc, représentant du peuple? »

Tout ceci n'est encore rien en comparaison des preuves sui-vantes, bonnes à porter à la connaissance des ouvriers de Paris et de Lyon :

« Mais ce dont vous accusez en mai 1864 M. Émile Ollivier,
« est ce dont vous accusait en avril 1863 M. Jules Simon, lors-
« qu'il vous comprenait dans cet anathème : « *Puisqu'il a plu*
« *aux illustres Cinq d'entrer dans* LA DANSE *et de se dire les re-*
« *présentants d'un parti qui les repoussait, le vrai serait de*
« *faire connaître hautement que le* PARTI *les repousse.* »

« Pour avoir trouvé grâce devant M. Jules Simon, qui, en
« avril 1863, vous repoussait si dédaigneusement et vous flétris-
« sait en termes si méprisants, il faut que vous ne soyez plus
« ce qu'à ses yeux vous étiez à cette époque ! Il faut que ce soit
« vous qui ayez changé d'opinion, tandis que M. Émile Ollivier
« est demeuré en mai 1864 ce qu'il était en avril 1863. Autre-
« ment, comment expliqueriez-vous que votre main se soit reti-
« rée de la main de M. Émile Ollivier, avec qui vous aviez
« marché d'accord pendant six années, pour aller la placer dans
« celle de M. Jules Simon, votre accusateur ?

« Celui qui a changé, ce n'est pas M. Émile Ollivier ; c'est
« vous, Monsieur !

« Le jour où MM. Carnot et Garnier-Pagès, anciens membres

« du Gouvernement provisoire, ont été élus, le vent de 1848 a
« soufflé sur vous et vous a fait tourner. Vous tournez facile-
« ment... mars, juin et novembre sont là pour l'attester... Vous
« n'avez plus vu la liberté lente à acquérir, vous n'avez plus vu
« que la révolution prompte à éclater. Celui qui a continué de
« voir juste, ce n'est pas vous, Monsieur ; c'est M. Émile Olli-
« vier... Celui qui a déserté le poste et trahi la liberté, c'est
« vous. Aussi M. Émile Ollivier a-t-il dignement fait de retirer
« sa main quand vous êtes venu hier lui tendre la vôtre, après
« l'avoir dénoncé au mépris public, ne pouvant le livrer au mi-
« nistère public, ainsi que vous aviez tenté de le faire pour
« M. Louis Blanc. On fait ce qu'on peut et l'on ne fait pas tou-
« jours ce qu'on veut. »

Rien de plus vrai. Ainsi l'opposition aurait voulu empêcher
le gouvernement impérial de faire passer ces lois qui le rendent
si populaire, elle n'a pas pu.

Quand le gouvernement veut détruire les logements insalubres,
les horribles caves où s'étiolent et meurent les tisserands de
Lille, l'opposition s'y oppose et vote *non*.

Quand l'Empereur et la majorité sont pour la doctrine du
libre-échange, qui permet à nos classes laborieuses de vivre à
meilleur marché et d'avoir des salaires plus élevés, l'opposition..... fait de l'opposition. Les ex-républicains, plus ou
moins socialistes, saint-simoniens, fouriéristes de 1848, tour-
nent aussitôt casaque, et se font protectionistes à la remorque
de M. Thiers.

Les mêmes inconséquences se reproduisent parmi l'opposition dans les questions étrangères. Elle est interventioniste en Pologne, non-interventioniste au Mexique. Elle voudrait que la France s'alliât aux Yankees et les aidât à exterminer le Sud, à faire là-bas ce qu'elle reproche tant à la Russie de faire en Pologne. L'opposition feint d'oublier que cette même Russie est la meilleure, la seule amie des fédéraux. On ne met en avant que la question de l'esclavage, comme si les Yankees se préoccupaient d'abolition, eux qui tenaient la corde qui pendit John Brown, il y a cinq ans; — eux chez qui les nègres n'ont pas encore le droit de monter en omnibus. L'opposition dira qu'on les a armés maintenant, qu'ils sont soldats tout comme les autres. C'est un tort, ils sont soldats *plus* que les blancs, c'est-à-dire qu'on les mettait toujours en avant pour essuyer le premier feu, témoins les horribles tueries de nègres à Port-Hudson, etc.—Maintenant cela se fait moins, car les noirs, forcés de prendre le fusil, haïssent les Yankees et se sauvent dès qu'on les met en ligne. Enfin, l'exploitation sans vergogne, au Nord, du travail, ce qui est prouvé par les innombrables grèves faites par les travailleurs, devrait faire rougir les soi-disant députés de nos ouvriers de Paris et de Lyon, de vouloir le triomphe des fédéraux et de pousser notre Gouvernement à se mettre avec eux, tandis qu'il veut rester neutre.

Mais, à défaut de justes motifs pour faire de l'opposition, n'en faut-il pas trouver de mauvais.

Bien plus, quand une cause est ou paraît juste en elle-même, mais qu'elle n'aura pas un grand retentissement, les députés de l'opposition ne se donneront pas la peine d'en parler ou de soutenir celui d'entre eux qui, moins égoïste, ne consultera que l'intérêt du pays lui-même, événement bien rare, hélas! Ainsi, pas un de ses amis n'a dit un mot pour appuyer ce que M. Guéroult dit de nos intendants militaires. Les grades, dans cette partie de l'armée, disait-on, sont si nombreux, qu'on n'en trouve le pendant que dans l'armée mexicaine. Est-il d'abord bien généreux de dénigrer un ex-ami, aujourd'hui expirant, et dont on peut à peine retrouver les membres épars. Il est vrai que l'armée mexicaine n'a plus d'autre échec de Puebla à nous faire éprouver et d'autre prétexte à fournir pour les dithyrambes pacifiques de l'opposition, pourtant si belliqueuse à propos de la Pologne. Il n'y avait donc pas urgence à verser un pleur sur les bandes de Juarez, tandis qu'il était bon de l'accuser, elle absente, d'un vice d'organisation que l'opposition aurait bien mieux trouvé chez ses amis encore debout, les Américains du Nord.

Chez ces farouches républicains, les officiers de tous grades ne sont pas faits pour les régiments, ce sont les régiments qui sont créés et mis au monde exprès pour les officiers. Un colonel y commande rarement plus de 400 hommes dans la pratique. L'armée fédérale, qui compte à peine 600,000 soldats réellement sous les armes, a un corps d'officiers suffisant pour une armée de 1,500,000 hommes. Rien de plus juste. Il faut bien que ces Messieurs vivent, et, du moment où ils alignent sur le papier leurs régiments au complet, ils s'en font fournir les rations en nature ou en espèces.

C'est là où l'opposition aurait pu puiser des exemples frappants et actuels des inconvénients qu'il y a, pour une armée, à réunir dans les mêmes mains le contrôle, l'administration et la direction de ce qui fait vivre le soldat, subsistances, hôpitaux, campements et habillements! Il n'y avait qu'à citer l'armée fédérale, retardée vingt fois dans ses nombreuses retraites, faute de provisions, d'équipages, etc..., décimée par les maladies et les privations, le trésor public dévalisé, à la lumière du soleil, par les fournisseurs et les généraux, les conseils de guerre ignorant tout à fait ces dilapidations, ou n'osant, faute de preuves, prononcer que deux ou trois condamnations. Tout cela, parce que c'est le même homme ou le même corps d'officiers qui ordonne

les achats pour l'armée, qui exécute ces achats et qui examine
ensuite s'ils ont été bien ou mal faits. Il est évident que la réponse est, comme celle des docteurs de Molière, toujours la
même : *bene, bene, benissime.*

En France, c'est absolument la même chose, dit M. Guéroult,
tout est confondu dans l'administration militaire, contrôle, dis
rection, gestion. En outre, les officiers d'administration, écrasés
par l'intendance, sont fort à plaindre. C'est bien possible ; mais
on a vu de plus grands malheurs, et l'opposition s'en est moins
émue que du sort de ces 1,300 officiers d'administration, gens
fort respectables sans doute. M. Guéroult a vu, dans cette question, matière à faire de l'opposition digne et sérieuse, tout à fait
dans les goûts d'un ex-saint-simonien. Peut-être aussi, lui qui
est appelé, un jour, à être le pondérateur de l'opposition, à-t-il
voulu montrer à ses collègues comment on peut poser une question avec calme et dignité. Voici un spécimen de son éloquence ;
qu'on la compare à celle de M. Glais-Bizoin et aux éternelles
tirades de M. Pelletan sur la bête qu'il a inventée, après M. Mi-
chelet, le termite.

M. Guéroult : « Messieurs, je ne veux pas abuser du temps
« de la Chambre. Je compte seulement appeler son attention
« sur la situation irrégulière où se trouve placée l'administra-
« tion de la guerre.

« En général, dans toute l'administration française on a pris
« soin de diviser soigneusement l'administration et le contrôle.
« Dans l'administration des finances, il y a des receveurs et des
« payeurs qui font des opérations de finances, il y a des inspec-
« teurs qui contrôlent ces opérations et qui s'assurent qu'elles
« ont été régulièrement faites.

« Dans l'administration de la guerre nous voyons se produire
« une exception singulière. Les officiers d'administration sont
« chargés dans les rangs inférieurs de tous les services relatifs
« à la manutention, aux vivres, aux hôpitaux, etc.; arrivés à un
« certain grade, les officiers d'administration ne peuvent plus
« monter, leur carrière se trouve arrêtée, et leurs services pas-
« sent entre les mains de l'intendance qui, dans la réalité, ne
« devrait exercer que le contrôle des services.

« Je dis que cette situation est anormale ; elle crée dans
« l'administration de la guerre une exception tout à fait isolée
« dans l'ensemble de notre administration. De plus elle est
« contraire au bien du service, puisque les intendants sont
« appelés à se contrôler eux-mêmes, à contrôler en qualité
« d'intendants les opérations auxquelles ils ont présidé, en tant
« que directeurs de l'administration militaire.

« Ensuite la carrière des officiers d'administration est brisée,
« elle s'arrête au grade de chef de bataillon, et aucune espèce
« d'autre avancement ne leur est permise.

« Il résulte de là des conséquences assez singulières. Ainsi,
« par exemple, les intendants étant assimilés pour les divers
« grades aux officiers de l'armée, nous trouvons qu'il y a dans
« l'intendance, cinquante-quatre intendants généraux ayant
« rang de généraux, contre vingt-quatre capitaines. Dans le
« grade correspondant à celui de colonel nous trouvons cent
« cinquante colonels contre cinquante-six chefs de bataillon.
« Je crois que, excepté l'armée mexicaine, on ne trouverait
« pas au monde une armée dans laquelle il y ait un pareil luxe
« d'état-major.

« Je ne me propose aujourd'hui, les renseignements étant
« venus trop tard pour me permettre de déposer des amende-
« ments, que d'appeler très-brièvement l'attention du Gouver-
« nement sur ce sujet ; mais je compte, s'il n'est pas fait droit
« à mes observations, avoir l'honneur, l'année prochaine, de
« vous proposer divers amendements à ce sujet. Aujourd'hui
« je me borne à signaler le fait, et j'espère que l'administration,
« qui a bien voulu avoir égard à quelques observations que j'ai
« faites il y a quelque temps sur une situation à peu près ana-
« logue pour les sous-officiers de la marine, prendra également
« en main la cause des officiers d'administration, et leur pro-
« curera des moyens d'avancement dans leur ligne et dans leur
« droit, fera cesser la confusion qui existe entre l'administra-
« tion et le contrôle, et fera pénétrer dans le ministère de la
« guerre les principes salutaires qui régissent toutes nos admi-
« nistrations publiques. »

Tout cela nous paraît bel et bon. Mais cela ne conclut pas ; et comment voulez-vous que la majorité vote *oui*, quand elle vous voit proposer les questions tellement à la légère. Il n'y avait pourtant qu'à se rappeler la discussion au Sénat sur le même sujet, pour trouver des arguments pratiques à joindre à vos démonstrations théoriques et enlever votre cause.

Seulement, il aurait fallu faire l'éloge de l'Empereur lui-même, et si le *« vrai danger »*, d'après votre ami en opposition, M. Jules Simon, consiste à voir le progrès réalisé par l'Empire, le *grand danger* est bien plus encore d'avouer que l'initiative du progrès vient directement de Napoléon III lui-même.

Qui, en effet, pensait à la liberté des théâtres avant lui?

Qui a pris, envers et contre tous, l'initiative du décret si libéral du 24 novembre?

Qui a voulu gracier les ouvriers typographes, condamnés pour délit de coalition, et qui n'avaient trouvé pour défenseur devant la Cour, ni un orléaniste, ni un ex-républicain, mais un avocat légitimiste?

Et, après ce généreux exercice du droit de grâce, l'Empereur n'a-t-il pas voulu compléter ce bienfait en graciant d'avance par la loi si libérale des coalitions, et si détestée par l'opposition, tous les ouvriers opprimés par le capital?

N'est-ce pas lui, enfin, qui a élevé au grade d'officiers les employés de l'administration militaire, en attendant qu'il leur rende la plénitude des droits et des fonctions dont ils allaient jouir sous Napoléon 1er, si toutefois les intérêts de la France et de l'armée l'exigent encore. Car, c'est cette dernière considération qui pèsera le plus dans l'esprit de l'Empereur. Il subordonnera à ces grands intérêts l'avancement plus ou moins rapide des douze à treize cents officiers d'administration dont vous vous préoccupez trop. L'Empereur sait que les officiers d'administration sont, du moins je le pense, des gens dévoués qui veulent seulement faire parvenir jusqu'à lui-même des réclamations qu'ils croient justes, mais qu'ils sont aussi tout prêts à s'incliner devant son jugement et sa volonté, quand il leur dira : « Mes « enfants, les intérêts de l'armée et de la France souffriraient « des modifications que vous réclamez! »

C'était à vous, l'opposition, qui vous donnez comme le palladium des opprimés, à faire la preuve, si elle est possible, que le bien-être de nos soldats, et les finances du pays souffrent, au contraire, de la présente organisation des services administratifs de l'armée. Puisque nous voilà déjà si loin dans la question, autant aller jusqu'au bout, et donner, à ce propos, une nouvelle preuve que les seigneurs de l'opposition sont de tristes avocats des causes qu'ils prennent en main, au compte de clients imaginaires. Ils devraient se contenter de leurs clients réels, puisque le soin des affaires publiques ne leur fait pas négliger leurs affaires privées, puisqu'au rebours de nos grands hommes politiques de la Révolution, ils continuent les uns à plaider aux quatre coins de la France, les autres à écrire des tartines dans leur journal. On conçoit facilement que de si rudes travailleurs aient trouvé mauvais que M. Duruy osât prier un professeur journaliste, de choisir entre le professorat et le journalisme, puisque l'une ou l'autre de ces deux professions suffisait aux forces humaines.

Pour ne pas être forcé de faire l'éloge de l'Empereur, M. Guéroult s'est privé du plaisir pourtant si goûté par l'opposition, de mettre en contradiction les amis du gouvernement, avec Sa Majesté. Par exemple, l'honorable rédacteur en chef de l'*Opinion Nationale*, aurait pu citer les paroles prononcées au Sénat, par M. le général d'Hautpoul. Le proverbe : « Il vaut mieux s'adresser au bon Dieu qu'à ses saints », trouve ici son application. Pendant que l'Empereur lui-même élève au rang d'officier les anciens agents comptables, un simple général emploie envers eux un langage qui semble condamner la haute et intelligente initiative prise par Napoléon III :

« On a assimilé ces Messieurs aux officiers de l'armée.... Ce « sont des agents, pas autre chose.... On a déjà concédé, à « tort ou à raison, aux officiers comptables, une assimilation « qui ne devait pas exister. Quant à moi, je ne l'aurais jamais « fait.... Quand on agrandit à faux, on diminue celui avec qui « on assimile.... »

C'était l'affaire de M. Guéroult de dire si, en effet, les officiers de l'armée se sont sentis *diminués*, parce que l'Empereur, dans sa haute bienveillance, leur avait assimilé les officiers compta-

bles. C'était à lui aussi de dire combien les officiers d'administration ont dû être blessés de ces paroles que prononçait, dans
la même séance du Sénat, M. le général vicomte de la Hitte :
« Le général comte de la Ruë me permettra de dire que je
« regrette beaucoup qu'il ait ouvert une porte à l'ambition des
« officiers d'administration, en indiquant qu'il serait possible de
« les appeler à entrer dans l'intendance, *si, par leurs services,*
« *ils s'en rendaient dignes.* Je ferai observer au général de la
« Ruë, que des sous-officiers ayant la prétention d'arriver aux
« grades élevés dans les services militaires, et restés dans les
« rangs de l'armée jusqu'au grade de capitaine, peuvent con-
« courir pour entrer dans le corps de l'intendance militaire.
« Ils y arrivent ainsi, d'une manière *plus honorable,* ayant servi
« comme officiers dans l'armée française ! »

On ne voit pas bien comment il est *plus honorable* d'être officier que simple soldat ou sous-officier, dans l'armée française.
Que ce soit plus avantageux au point de vue du grade et *des
honneurs,* c'est évident. Mais quant à *l'honneur* il y en a autant
d'un côté que de l'autre. Et il n'en pourrait être autrement dans
le pays qui est si fier de son *petit Caporal,* et dont l'Empereur
futur, le prince Impérial, porte orgueilleusement les sardines de
sous-officier.

Ces sous-officiers, quand ils deviennent officiers d'administration, n'en restent pas moins dignes des anciens galons qu'ils ont
déposés, et de l'épaulette qui leur appartient, mais que l'usage
les empêche de porter ordinairement. On a vu dans nos dernières expéditions de Chine, d'Algérie, de Crimée, du Sénégal,
d'Italie et du Mexique, des officiers d'administration se faire
tuer, d'une *manière fort honorable,* en remplissant leurs mo-
destes, mais si importantes fonctions. Et quand le corps d'un de
ces braves officiers a été rapporté en France, il ne se serait pas
vu refuser les funérailles dues à son grade, si ses camarades
s'étaient adressés à l'Empereur lui-même, si bon juge du courage partout où il se trouve, et si partisan d'une sage équité.

L'Empereur a déjà satisfait, de sa propre initiative, aux plus
pressantes exigences de l'équité, en nommant officiers les anciens agents comptables ; et le premier aussi, il a pressenti que,

tout n'étant pas pour le mieux dans le système administratif
actuel de l'armée, il faudrait peut-être le modifier et améliorer
ainsi, comme conséquence, l'avenir des officiers d'administration.

Comme conséquence, disons-nous ; car, qu'est-ce que les intérêts de douze à treize cents individus, si on peut répondre
oui aux deux questions capitales que voici ?

1° L'administration de l'armée, centralisée entre les mains
de l'intendance, sous les noms de contrôle, direction, gestion,
remplit-elle bien sa fonction par excellence : bon entretien de
l'armée, sous le rapport de la vie matérielle ?

2° L'administration de l'armée, toute à l'intendance militaire,
charge-t-elle le trésor public moins que les autres systèmes ?

A moins d'être un spécialiste, ou d'avoir étudié la question
ailleurs que dans des journaux ou dans les débats des cham-
bres, on serait fort embarrassé de répondre à cette double demande. Heureusement, nous avons une autorité qui va répondre pour nous et répondre *non*, c'est-à-dire critiquer l'état
de choses actuel.

Alors, c'est l'opposition ?

Point du tout ! Si envie qu'elle ait de mordre, les questions
vagues, prétexte à phrases ronflantes, lui plaisent mieux qu'un
sujet sérieux à étudier.

D'ailleurs, depuis quinze ans, toutes les fois qu'il y eut un
mal véritable à signaler, qui a mis le premier le doigt sur la
plaie ? Napoléon III lui-même.

Pendant que l'opposition remettait à un an l'étude de la question des services administratifs de l'armée, l'Empereur avait
déjà résolu cette question dans sa lettre datée d'Alexandrie,
16 mai mai 1859, et adressée à M. l'intendant-général. Digne
successeur de Bonaparte, apportant la réforme et la victoire à
notre armée d'Italie, en 1796, Napoléon III discerna aussitôt
par où péchait l'administration militaire de nos troupes.

« Depuis quarante-cinq ans, dit-il, nous n'avons pas eu de
« grande guerre, et dans toutes les petites guerres qui se sont
« faites, l'intelligence des intendants n'a pu être mise à l'é-

« preuve ; car tout consistait, pour l'intendance, à avoir de
« l'argent et à faire des marchés avec des fournisseurs. »

Ensuite l'Empereur indique, avec une précision et une lucidité remarquables, comment il faut s'y prendre.

« Il n'y a qu'un seul principe efficace à appliquer en général,
« c'est-à-dire de faire vivre l'armée avec les ressources du pays
« où elle se trouve ; et, pour cela, il n'y a qu'un seul moyen :
« les réquisitions payées comptant, quand on est en pays ami ;
« prises sans payer, quand on est en pays ennemi ! »

N'en déplaise à M. Thiers, qui conseillait l'autre jour de ne
jamais rien prendre à l'ennemi, et s'écriait qu'à présent, c'est
« la paix qui doit nourrir la guerre. » Belle théorie, et le vrai
pendant de cette autre, éclose aussi sous l'aile des anciens amis
de M. Thiers : la France est assez riche pour payer sa gloire.
On voit bien que l'ex-ministre de Louis-Philippe n'est plus au
timon des affaires, sans quoi il se demanderait quelle réponse
l'Empereur pourrait faire à la France, se plaignant, non pas de
verser son sang pour réparer le mal causé par l'ambition étrangère, mais de payer encore les vitres cassées par la faute des
autres. M. Thiers parle ainsi aujourd'hui, en dépit du bon sens,
il le sait bien, mais ne lui faut-il pas remplir, comme il l'entend,
son rôle de membre de l'opposition quand même ?

Heureusement, le gouvernement impérial comprend mieux
qu'on ne voudrait lui conseiller, ses devoirs envers la France,
et il veut que la guerre nourrisse la guerre, que ceux qui ont
tort, payent dans la mesure du juste et de l'équitable. C'est
pourquoi, s'apercevant que l'Intendance militaire n'avait pas su
profiter de l'expérience de la guerre de Crimée pour diriger selon ses vues, à lui, le service administratif de l'armée, il met la
main à la pâte. Au lieu d'imiter les belles phrases de M. Thiers,
Napoléon III élève jusqu'à lui les plus humbles détails qui intéressent le soldat, comme le faisait le grand Empereur, et indique à l'Intendance les moyens de se procurer à bas prix et en
bonne qualité les « rations de pain et de fourrage, » par exemple. Il lui recommande de « se pénétrer de ces idées qui sont
vraies et pratiques ! »

Napoléon III écrivait encore un an plus tard, dans une lettre à M. de Persigny :

« D'ailleurs, en voulant la paix, je désire organiser les forces
« du pays sur le meilleur pied possible ; car si, dans les derniè-
« res guerres, les étrangers ont vu quelques côtés défectueux,
« je veux y remédier. » Ces côtés défectueux ne signifient évi-
demment ni le courage de nos soldats, ni le génie de nos généraux.

Remplit-elle mieux sa seconde fonction, qui est d'*économiser
le plus possible des deniers publics* en donnant aux soldats tout ce qu'il lui faut ?

Puisque nous y sommes, disons quelques mots en passant, car il faudrait un travail spécial pour répondre à cette question, et, en commençant cet opuscule, pour déshabiller l'opposition quand même, nous ne songions guère à aller sur un autre terrain.

Toutefois, en notre qualité de contribuable, c'est là où le bât nous blesse, et nous ne sommes pas fâché de dire notre petit mot.

Quel est, en effet, le budget qui nous pèse le plus lourdement sur les épaules ?

Celui de la guerre.

Supprimer la guerre serait certainement le meilleur moyen de ne plus appauvrir nos poches, pour solder son budget. Voir trois ou quatre mille articles de M. de Girardin, le grand pacificomane, sur la question de la paix universelle, du baiser Lamourette tour du globe.

Hélas ! autant vaudrait demander la suppression des passions humaines, de la jalousie des monarchies absolues contre la France, le seul État qui ait su allier, dans la mesure des imperfections terrestres, l'ordre à la liberté, réaliser 89 sans 93.

« L'Empire, c'est la paix, » c'est vrai ! Mais la paix honorable, et non la paix achetée, comme en 1763, au prix de l'abaissement de la France, en Europe et dans nos colonies.

La guerre, qui nous rend à Sébastopol notre place en Europe, — qui nous donne, à Solférino, nos frontières naturelles des Alpes, avec la suprématie dans l'ancien monde, — la guerre enfin qui, à Saïgon, au Peï-Ho, à Puebla, nous rend notre prestige dans les mondes lointains, cette guerre, nous la préférons à la paix déshonorante des traités de Paris et de Vienne.

Mais cependant, si nous pouvions la faire à meilleur marché encore, n'y gagnerions-nous pas tous,

Nous, de payer un peu moins d'impôts.

Le gouvernement de pouvoir réaliser, sur une plus vaste échelle, le dégrèvement de taxes que l'Empereur indiquait déjà dans sa lettre, du 15 avril dernier, au ministre des finances ?

S'agit-il de désarmer, de nous livrer pieds et poings liés *aux gouvernements* (nous ne disons pas *aux peuples*) qui fêtaient, tout dernièrement encore, leurs uniques anniversaires de Waterloo, de Leipsick, de la capitulation de Paris ?

Point du tout !

Faut-il amincir les semelles des souliers de nos soldats, couper en deux ou en quatre leur pain de munition, et semer une botte de foin dans tous les râteliers d'un escadron de cavalerie ?

Pas davantage !

Les lauriers, cueillis au champ d'Austerlitz, n'ont jamais pu faire bouillir la marmite d'une seule escouade !

Au point de vue matériel, ils ne constituent qu'un assaisonnement hygiénique du pot-au-feu indispensable, et ne remplaceront pas une bonne culotte de bœuf.

C'est là où est l'économie réclamée par les contribuables, désirée par l'Empereur. Il s'agit d'acheter, au plus juste prix, la meilleure viande possible et tous les objets de consommation nécessaires à l'armée. Or, ce n'est guère possible avec l'organisation actuelle de l'intendance et des services administratifs.

On n'a jamais suspecté, soit les bonnes intentions, soit la probité de l'intendance militaire. Elle ne pourrait pas s'appliquer ces paroles d'un Romain, répudiant son épouse : « La femme de César ne doit pas même être soupçonnée. » On accuserait plutôt l'intendance de trop dépenser, à force de vouloir faire des économies. L'Empereur dit, en effet, dans sa lettre d'Alexandrie :

« Ce système (celui des réquisitions), le plus efficace, de-
« mande beaucoup d'intelligence et d'activité. Il est bien plus

« facile naturellement d'écrire au ministre de la guerre : « En-
« voyez-moi tant de rations, » que de s'efforcer, par une foule
« de moyens, de les trouver dans le pays où l'on est ; et cepen-
« dant c'est le seul moyen prompt et *même économique*, en
« *payant cher*. Car la ration de pain ou de fourrage, livrée sur
« les lieux, en Piémont, par exemple, coûtera moins cher,
« toutes choses calculées, que des rations venues de France, en
« comptant le transport par le mont Cenis ou par les bateaux
« à vapeur de Marseille. »

Tous ces détails à la veille de Solférino !

N'est-ce pas le même génie que celui de Napoléon Ier, orga-
nisant le Théâtre-Français de Paris, par un décret daté de
Moscou !

L'Empereur continue :

« On dira peut-être, et c'est le prétexte de tous ceux qui ne
« veulent pas se donner la peine de chercher, que le pays ne
« peut pas fournir les ressources nécessaires pour nourrir cent
« mille hommes et trente mille chevaux. »

Et Napoléon III détruit cet argument, par dix lignes, remplies
de chiffres, de détails techniques, surtout d'aperçus nouveaux,
qui ont dû rendre bien humbles ces Messieurs de l'Intendance
militaire.

Voilà ce que M. Guéroult aurait pu dire au Corps Législatif,
sur la question dont il annonce qu'il s'occupera l'an prochain.

Est-ce à Pâques ou à la Trinité ?

Nous demandons à le savoir ; car nous dirions à l'opposition
de se hâter, sans quoi, pour ce progrès, comme pour les autres
déjà réalisés par lui, l'Empereur pourrait bien couper l'herbe
sous le pied de ces Messieurs à la parole dorée.

D'ici-là, nous reconnaissons qu'il appartient seulement à
Napoléon III de parler de la négligence de « ceux qui ne veulent
« pas se donner la peine de chercher. » Pour nous, nous croyons
que l'Intendance militaire se donne beaucoup de mal, mais c'est
vainement, car il ne suffit pas de *vouloir*, pour *pouvoir*, il faut
surtout *savoir*. L'enfer est pavé de bonnes intentions. Or, ce
n'est pas la faute de l'Intendance, si elle ne *sait* pas ; car, où

aurait-elle appris à manier sagement les quelques *cent millions* qu'il lui faut débourser chaque année ?

Où recrute-t-on les officiers de l'Intendance, qui, seuls, ont la haute main sur tout le service administratif de l'armée ?

Le capitaine qui a moins de trente-cinq ans, les officiers supérieurs qui ont moins de quarante ans, le général de brigade à tout âge, voilà le recrutement de l'Intendance militaire. Nous nous inclinons bien sincèrement devant le mérite et les capacités militaires de ces messieurs; mais l'Empereur nous a montré qu'il est plus difficile de les admettre comme aptes à diriger économiquement les grandes dépenses de la guerre.

Un capitaine brave, savant, intelligent est plus propre par la nature de ses études, par le milieu où il a vécu, où il a acquis déjà une place honorable, est plus propre, disons-nous, à devenir un officier supérieur de l'armée qu'à devenir un directeur d'achats.

C'est que pour manipuler des fonds sur une si vaste échelle, il est important d'avoir des hommes spéciaux.

Les rapports de la Commission d'enquête sur le service administratif en Crimée, apportent beaucoup de faits et de chiffres, pour corroborer notre opinion et montrer combien l'Intendance avait besoin des conseils de l'Empereur. Nous ne citerons que deux faits, l'un relatif à la guerre de Crimée, l'autre à la guerre d'Italie.

Un marché passé par l'Intendance, et daté de Marseille, pour des embarquements, est rédigé par une main si inhabile, que l'article 1 accorde ce que refuse l'article 5. De la double interprétation de ces deux articles est résultée une différence de 87,768 fr. 12 c., dont l'entrepreneur réclamait le payement. Refusé par l'Intendance il s'adresse au conseil d'État, et le Trésor a finalement payé cette somme. Le rapport regrette « que « le marché n'ait pas été conçu en termes assez clairs, pour pré-« venir un procès. »

Pendant la campagne d'Italie, les viandes pour l'armée furent fournies, au début, par voie de gestion directe. Le quintal ne revint en moyenne qu'à 90 fr. Plus tard, quand il y avait cependant déjà concurrence entre les négociants pour faire les fournitures de l'armée, l'Intendance payait le quintal de viande 140 fr. D'où une perte de 30,000 fr. par jour, d'après l'effectif normal de l'armée.

Des chiffres aussi éloquents, que l'imagination des contribuables ne manquera pas de multiplier par la fréquence des opérations, ces chiffres dispensent de tous commentaires, surtout si on les rapproche de la lettre de l'Empereur lui-même. S'il avait cité quelques faits analogues, M. Guéroult aurait été mieux écouté par la majorité, et il aurait pu conclure avec justesse que l'administration militaire doit être scindée en direction et en contrôle, au lieu de présenter deux castes, ce qui est contraire au principe si puissant et si fécond de la démocratie, dont les deux Napoléons ont voulu que l'armée soit le modèle. En outre, pour nous contribuables, il nous semble que si on fondait une école spéciale d'administration, on arriverait certainement à économiser quelque chose sur les cent millions d'achats pour l'armée, qui ne nous paraissent pas faits maintenant avec tout le discernement possible.

L'opposition a, ma foi, bien le temps de demander de pareilles institutions ! M. Thiers prétendrait que le gouvernement de Louis-Philippe n'en ayant pas eu, on peut bien s'en passer, aussi bien que du «second réseau de nos chemins de fer. »

Grand merci, cher Monsieur ! Mais nous sommes d'un autre avis. Ah ! nous comprenons combien l'opposition regrette la manière de faire des temps jadis, de ces fameux « temps parlementaires, » où le budget de la Chambre était affreusement grevé d'une énorme consommation d'eau sucrée ou de groseille à l'eau de seltz. Pour arriver à voter un chemin de fer de 50 kilomètres, on bataillait pendant cinquante jours. Chaque député tirait de son côté, ne voyait que l'intérêt non pas de sa petite ville, mais des gros satisfaits, des *gens à cens* (pas d's au commencement du mot) de sa circonscription. Pendant que ces paladins de la parole se battaient à coups de langue et se disputaient autour du budget, comme autant de pierrots (nom donné vulgairement aux moineaux) autour d'un panier de cerises, aucun travail ne s'exécutait.

Tout le monde y perdait, excepté les députés dont les discours à la *Buncombe*, comme on dit en Amérique, étaient religieusement colportés de maison en maison chez les censitaires, leurs commettants. Personne ne travaillait ; et quelque beau jour, ce cri sinistre se faisait entendre : « Mieux vaut mourir d'une balle, « que de mourir de faim ! » Et les rues de Lyon grondaient sous les roues du canon, les balles de ce fameux gouvernement parlementaire trouaient la poitrine des travailleurs oisifs, et les baïonnettes de la monarchie tempérée brillaient au soleil de la rue Transnonain. Après la victoire, l'insulte ; et M. Saint-Marc de Girardin osait qualifier dans *le Journal des Débats*, l'insurrection de Lyon, déplorable mais fatalement amenée par la faim, la « *nouvelle invasion des Barbares!*

Pourquoi n'avons-nous pas vu, depuis douze ans, éclater une seule fois ces insurrections du travail affamé, si fréquentes sous ce que le *Journal des Débats* appelle encore le « régime parlementaire, » traduisez, de la liberté ? Parce que chacun, dans les classes ouvrières, a du travail et un salaire, faible encore, mais plus rémunérateur. Parce que les grands travaux abondent, et s'ils abondent, c'est que le suffrage universel a enlevé les députés à l'influence des gros bonnets de village, et les a forcés de voir les intérêts du pays en général. Ce « *frein du travail,* » qu'un ministre du régime parlementaire proposait brutalement d'appliquer au peuple, ce frein est suffisant aujourd'hui, parce qu'en même temps on a donné moins de liberté aux classes bourgeoises et plus d'égalité aux classes populaires.

Or, en France, nous nous soucions beaucoup plus de la seconde que de la première ; et c'est ce qui désespère ces fameux parlementaires des *vieux partis* qui ne peuvent pas rester au pinacle, comme dans l'aristocratique Angleterre, leur modèle.

Voyez-les. Ils persistent dans leurs illusions d'autrefois. M. Thiers, par exemple, vient encore nous dire pompeusement :

« Sur ces grands marchés publics qu'on appelle bourses, la
« prudence, l'habileté des gouvernements sont mises à l'en-
« chère, la confiance monte ou baisse. Le bien-être public s'é-
« tend ou s'évanouit. »

Cela pouvait être du vieux temps de M. Thiers, alors que la fortune publique était concentrée dans quelques mains. Mais cela n'est plus aujourd'hui que le principal effet de l'Empire a été de disséminer cette fortune, entre les mains de tous, trop occupés pour ne pas laisser aux agioteurs le monopole de la hausse et de la baisse.

En disant cela, M. Thiers se trompait autant que M. Pelletan, qui croyait faire une grosse malice à M. Rouher, quand il lui criait :

« Et vous aussi, vous prêchiez l'impôt progressif dans les clubs d'Aurillac. »

Or, remarquez que M. Rouher n'a jamais mis le pied dans la seconde capitale de l'Auvergne.

Mais, comment voulez-vous qu'on soit bien scrupuleux sur l'exactitude des faits, quand on pratique la vieille politique de : « Ote-toi de là que je m'y mette, » et qu'on s'inquiète seulement « d'être député ou d'en faire ? »

FIN